Für Zeiten der Krankheit

Waldemar Grab

Er weidet mich auf einer grünen Aue

johannis

Jetzt hat es mich erwischt. Ich bin krank! Beim Sport zählt das „Time-out“ ja nicht zur regulären Spielzeit. Im Leben schon. Da tickt die Uhr weiter.

Jetzt ist sie da, die Auszeit. Ungewollt und unter Zwang.

Doch wer kann sich das schon immer aussuchen?

Atlanta

Ausgerechnet jetzt, wo ich so viel „auf dem Zettel“ stehen hatte.

Dringende Termine, die eigentlich keinen Aufschub dulden. Arbeiten, die jetzt liegen bleiben oder von anderen wahrscheinlich nur halbherzig ...

Will nicht drüber nachdenken.

Warum? Warum ausgerechnet jetzt?

Nein, ich kann das Kranksein im Moment überhaupt nicht gebrauchen!

Ob die da draußen das alles ohne mich schaffen?

Je länger ich krank bin, desto mehr *Gedankenkängurus* springen um mich herum.

Und je länger ich grüble, umso mehr *Seelenkäsekuchen* backe ich.

Na ja, sie haben ja schon gesagt, dass sie mich vermissen. Ich hätte vielleicht doch jemanden in meine ganzen Aktivitäten einbinden sollen.

Was, wenn es länger dauert mit meiner Auszeit?

Oder was, wenn es gar etwas Schlimmeres ist?

Als ich gesund war, habe ich selten einen Gedanken ans Kranksein verschwendet.

Und wenn ich doch mal daran dachte, ging gelegentlich damit auch der Gedanke einher, einmal richtig auszuschlafen. Oder Zeit zum Bibellesen zu haben oder zum Beten.

Ich glaube, nicht nur mein Körper, auch meine Seele möchte einfach mal ausruhen und baumeln.

Hätte sie jetzt nicht Zeit dazu?

Es haben schon viele ihre Genesungswünsche übermittelt. Aber trotzdem fühle ich mich ein wenig allein in dieser Stille.

Nicht einmal die Uhr tickt. Sie läuft digital.

Mein Geist, ja, der könnte Bäume ausreißen! Aber mein Fleisch, das ist noch richtig schwach.

Ich spüre, dass ich die Ruhe brauche.

Es ist so still um mich herum.

Ich nehme Geräusche wahr, die ich sonst nicht hörte.

Sogar die leisen, weit entfernten. Interessant.

Ob ich in den stillen Momenten auch Gott besser wahrnehmen kann?

Man sagt: „Geh in die Stille und du wirst *ihn* hören!“

Also, warum nicht?

Ich will mich gerne öffnen und all die beschwerenden Gedanken beiseiteschieben.

Aber auch mein Geist ist schwach.

STOP

Neulich habe ich einen alten Freund besucht. Ein Krankenbesuch.

Er joggt jeden Tag, isst nur Gemüse, raucht nicht und trinkt keinen Alkohol.

Was sagt mir das?

Wenn du krank wirst, wirst du krank.

Es kann jeden treffen, ob man will oder nicht. Gestern sagte mir jemand, es wäre kein Wunder, dass ich krank geworden sei: Ich wäre ja auch ein *Workaholic* und das sei wie Rauchen und Trinken zusammen.

Ich habe mir heute vorgenommen, all die negativen Gedanken nicht weiter zuzulassen. Will mich an den halten, der mich mein Leben lang getragen hat: Jesus Christus.

Ja, ich will in meiner Auszeit die Chance sehen, wieder einmal mehr darauf zu achten, was Gott mir sagen will!

Der Herr ist mein Hirte!

Was für ein schöner Psalm, der Psalm 23. Immer wieder ist er mir im Leben begegnet. Ich kann ihn sogar noch auswendig!

Doch jetzt, wo ich mir die Verse noch einmal ganz genüsslich vorsage, merke ich: So richtig verinnerlicht habe ich sie noch nicht.

Der Herr ist mein Hirte … – Wie gut, dass es nicht heißt: *„Du ‚warst' mein Hirte"* oder *„wirst mein Hirte sein!"*. Ich spüre, dass es mir jetzt, in diesem Augenblick, richtig gut tut, dass Gott da ist. Direkt hier bei mir ist.

Ich brauche seine Ruhe, seinen Trost und seine neue Kraft und ich weiß:
Das eine geht mit dem anderen einher.

„Herr, ich möchte gerne hören auf das, was du mir sagen willst!“

Das kann ich ganz persönlich nehmen, dass der Herr mein Hirte ist. War ich doch oft genug ein Schaf. Obwohl ich genau wusste, dass Gott mich rief, ging ich hier noch ein wenig grasen und dort noch ein wenig gucken, hier etwas trinken und sprang dort noch mal kurz in die Dornenbüsche.

Er weidet mich auf einer grünen Aue!

Vielleicht ist es ja jetzt gerade wieder so weit, dass die Hirtenhunde mich zurücktreiben und mich dabei in die Kniekehlen meiner Seele zwicken.

Ja, vielleicht ist diese Krankheit auch ein Zeichen dafür, dass ich meinem Hirten wieder zurück auf die Weide folgen soll. Dort ist alles, was ich zum Leben brauche.

Trotz meiner Neugier auf andere Weideplätze: Auf dieser grünen Aue, auf die du mich führst, Herr, finde ich tatsächlich alles, was ich zum Leben brauche:

Nahrung, Schutz, Bewachung, Beobachtung, Hilfe – und deine Stimme! Sie ist die einzige, der ich wirklich vertrauen kann!

Und bei dir finde ich Heilung, weil du der Arzt bist. Du kennst auch mein Innerstes, weißt, wie es mir geht, was mir wirklich fehlt.

Hast so viele Menschen von körperlichen Gebrechen und Krankheiten geheilt – und hast gleichzeitig vergeben, dass man sich so weit von dir entfernt hat.

Ich will bei dir bleiben, ein Leben lang. Will dieses Angebot neu wahrnehmen und mich auf dieser Aue aufhalten!

Denn in dir, mein Gott, finde ich meinen Frieden und meine Genesung!

Ich lehne mich zurück und ruhe mich aus. Bis du mich ansprichst und mir sagst, wann und wie es weitergeht.

Ich danke dir, mein HERR!

Psalm 23

Der Herr ist mein Hirte, mir wird nichts mangeln.

Er weidet mich auf einer grünen Aue und führet mich zum frischen Wasser.

Er erquicket meine Seele. Er führet mich auf rechter Straße um seines Namens willen.

Und ob ich schon wanderte im finstern Tal, fürchte ich kein Unglück; denn du bist bei mir, dein Stecken und Stab trösten mich.

Du bereitest vor mir einen Tisch im Angesicht meiner Feinde. Du salbest mein Haupt mit Öl und schenkest mir voll ein.

Gutes und Barmherzigkeit werden mir folgen mein Leben lang, und ich werde bleiben im Hause des Herrn immerdar.

Bildnachweis:

Umschlag und Innenseiten:
Horst Klatt, Bärbel Klatt

Bibliografische Information der Deutschen Nationalbibliothek

Die Deutsche Nationalbibliothek verzeichnet diese Publikation
in der Deutschen Nationalbibliothek;
detaillierte bibliografische Daten sind im Internet über
http://dnb.d.nb.de abrufbar.

ISBN 978-3-501-06263-0

Bestell-Nr. 06263

Gestaltung Horst Klatt, Bielefeld
Gesamtherstellung: St.-Johannis-Druckerei
C. Schweickhardt GmbH, Lahr/Schwarzwald
Printed in Germany

www.johannis-verlag.de